TRANZLATY

La Langue est pour tout le Monde

Lingua est pro omnibus

La Belle et la Bête

Pulchritudo et Bestia

Gabrielle-Suzanne Barbot de Villeneuve

Français / Latinus

Copyright © 2025 Tranzlaty
All rights reserved
Published by Tranzlaty
ISBN: 978-1-80572-052-2
Original text by Gabrielle-Suzanne Barbot de Villeneuve
La Belle et la Bête
First published in French in 1740
Taken from The Blue Fairy Book (Andrew Lang)
Illustration by Walter Crane
www.tranzlaty.com

Il était une fois un riche marchand
Fuit aliquando dives mercator
ce riche marchand avait six enfants
dives mercator sex liberos
il avait trois fils et trois filles
habuit tres filios et tres filias
il n'a épargné aucun coût pour leur éducation
non pepercit sumptibus educationis
parce qu'il était un homme sensé
quia vir sensus erat
mais il a donné à ses enfants de nombreux serviteurs
sed liberis servis multos dedit
ses filles étaient extrêmement jolies
eius filiae sunt maxime pulchra
et sa plus jeune fille était particulièrement jolie
et filia eius minima erat maxime pulchra
Déjà enfant, sa beauté était admirée
sicut puer eius pulchritudinem iam admiratus
et les gens l'appelaient à cause de sa beauté
et vocavit eam populus a facie sua
sa beauté ne s'est pas estompée avec l'âge
eius pulchritudo non veterascet cum illa got maior
alors les gens ont continué à l'appeler par sa beauté
et vocabat eam populus a facie sua
cela a rendu ses sœurs très jalouses
hoc fecit ei sororibus valde zelotypus
les deux filles aînées avaient beaucoup de fierté
duabus filiabus natu plurimum superbiae
leur richesse était la source de leur fierté
opes eorum fons superbiae
et ils n'ont pas caché leur fierté non plus
et non absconderunt superbiam suam
ils n'ont pas rendu visite aux filles d'autres marchands
alias filias mercatorum non visitaverunt
parce qu'ils ne rencontrent que l'aristocratie
quia nonnisi ad aristocratiam

ils sortaient tous les jours pour faire la fête
partes exierunt cotidie
bals, pièces de théâtre, concerts, etc.
pilae, fabulae, concentus, salutem
et ils se moquèrent de leur plus jeune sœur
et deridebant ad minorem sororem suam
parce qu'elle passait la plupart de son temps à lire
propter eam maximam sui temporis legere
il était bien connu qu'ils étaient riches
notum erat quod divites
alors plusieurs marchands éminents ont demandé leur main
ideo plures nobiles mercatores pro manu sua petierunt
mais ils ont dit qu'ils n'allaient pas se marier
sed dixerunt se non nupturam
mais ils étaient prêts à faire quelques exceptions
sed parati erant aliqua exceptione facere
« Peut-être que je pourrais épouser un duc »
"Ducere fortasse potui"
« Je suppose que je pourrais épouser un comte »
"Ego coniecto potui ducere comiti"
Belle a remercié très civilement ceux qui lui ont proposé
pulchritudo valde civiliter gratias illis quae proponuntur ei
elle leur a dit qu'elle était encore trop jeune pour se marier
non indicavit eis adhuc minor nubere
elle voulait rester quelques années de plus avec son père
voluit manere aliquot annos cum patre suo

Tout d'un coup, le marchand a perdu sa fortune
Statim mercator suam fortunam perdidit
il a tout perdu sauf une petite maison de campagne
amisit omnia sine parva villa
et il dit à ses enfants, les larmes aux yeux :
et flens in oculis suis dixit:
« il faut aller à la campagne »
"ire eundum est ad villam"
« et nous devons travailler pour gagner notre vie »

"et nobis viventibus opus est".
les deux filles aînées ne voulaient pas quitter la ville
duabus filiabus natu maximis nolebat decedere oppido
ils avaient plusieurs amants dans la ville
plures in urbe habebant
et ils étaient sûrs que l'un de leurs amants les épouserait
et erant quidam amantes eorum se nubant
ils pensaient que leurs amants les épouseraient même sans fortune
amantes etiam nulla fortuna nubere eos putabant
mais les bonnes dames se sont trompées
sed erraverunt bonae dominae
leurs amants les ont abandonnés très vite
amantes dereliquerunt celerrime
parce qu'ils n'avaient plus de fortune
quia nullae erant amplius fortunae
cela a montré qu'ils n'étaient pas vraiment appréciés
hoc ostendit se non esse bene probaverunt
tout le monde a dit qu'ils ne méritaient pas d'être plaints
omnes dixerunt non esse miserendum
« Nous sommes heureux de voir leur fierté humiliée »
"Laetamur humilem videre superbiam".
« Qu'ils soient fiers de traire les vaches »
"Sint superbi vaccarum vaccarum"
mais ils étaient préoccupés par Belle
sed ad pulchritudinem
elle était une créature si douce
fuit tam dulcis creatura
elle parlait si gentiment aux pauvres
et locutus est ad populum pauperem misericordiam
et elle était d'une nature si innocente
et erat talis innocens
Plusieurs messieurs l'auraient épousée
Plures nobiles eam uxorem habuisset
ils l'auraient épousée même si elle était pauvre
matrimonio iuncti essent eam etsi pauper erat

mais elle leur a dit qu'elle ne pouvait pas les épouser
sed dixit eis se non posse ducere
parce qu'elle ne voulait pas quitter son père
quia noluit patrem suum relinquere
elle était déterminée à l'accompagner à la campagne
quæ voluit ire cum eo in villam
afin qu'elle puisse le réconforter et l'aider
ut eum consolari posset et adiuvare

pauvre Belle était très affligée au début
Misera forma valde contristatus est primo
elle était attristée par la perte de sa fortune
illa amissione fortunae doluit
"Mais pleurer ne changera pas mon destin"
" sed lacrimans fortunas meas non mutabit "
« Je dois essayer de me rendre heureux sans richesse »
"Conabor sine divitiis me beatum facere"
ils sont venus dans leur maison de campagne
venerunt in villam suam
et le marchand et ses trois fils s'appliquèrent à l'agriculture
et mercator cum tribus filiis agriculturae operam dabant
Belle s'est levée à quatre heures du matin
pulchritudinis quattuor mane
et elle s'est dépêchée de nettoyer la maison
et festinavit mundare domum
et elle s'est assurée que le dîner était prêt
et certa cena parata erat
au début, elle a trouvé sa nouvelle vie très difficile
in principio invenit eam novam vitam difficillimam
parce qu'elle n'était pas habituée à un tel travail
quia non fuerat usus tali opere
mais en moins de deux mois elle est devenue plus forte
sed minus quam duobus mensibus ipsa convalescit
et elle était en meilleure santé que jamais auparavant
et salubrius fuit
après avoir fait son travail, elle a lu

postquam factum est opus eius quae legit
elle jouait du clavecin
illa quatientes citharista
ou elle chantait en filant de la soie
aut canebat dum fila sericum
au contraire, ses deux sœurs ne savaient pas comment passer leur temps
sed duae sorores eius nesciverunt tempus terere
ils se sont levés à dix heures et n'ont rien fait d'autre que paresser toute la journée
surgentes decem et nihil aliud quam otiosi dies
ils ont déploré la perte de leurs beaux vêtements
amissa veste gemebant
et ils se sont plaints d'avoir perdu leurs connaissances
et de amissis notis conquesti sunt
« Regardez notre plus jeune sœur », se dirent-ils.
"Inspice sororem nostram minimissimam"
"Quelle pauvre et stupide créature elle est"
" quam pauper et stultus creatura est "
"C'est mesquin de se contenter de si peu"
"Est tantillo contentum esse"
le gentil marchand était d'un avis tout à fait différent
Mercator longe alia sententia fuit
il savait très bien que Belle éclipsait ses sœurs
bene sciebat illam pulchritudinem sororibus praelucere
elle les a surpassés en caractère ainsi qu'en esprit
illa praelucebat in mores tum mentis
il admirait son humilité et son travail acharné
humilitatem eius et laborem
mais il admirait surtout sa patience
sed maxime miratus est eius patientiam
ses sœurs lui ont laissé tout le travail à faire
sororibus eius relinquentes eam omne opus facere
et ils l'insultaient à chaque instant
et insultaverunt ei omni tempore

La famille vivait ainsi depuis environ un an.
Familia sic per annum circiter vixerat
puis le commerçant a reçu une lettre d'un comptable
deinde mercator litteras de tabulario accepit
il avait un investissement dans un navire
habuit obsidendi in navi
et le navire était arrivé sain et sauf
et navis tuto advenit
Cette nouvelle a fait tourner les têtes des deux filles aînées
t eius nuntium convertit capita duarum natu maximarum
ils ont immédiatement eu l'espoir de revenir en ville
spem redeundi in oppidum statim habebant
parce qu'ils étaient assez fatigués de la vie à la campagne
quia pertaesi erant
ils sont allés vers leur père alors qu'il partait
digredientem ad patrem
ils l'ont supplié de leur acheter de nouveaux vêtements
orabant ut novas vestes emeret
des robes, des rubans et toutes sortes de petites choses
coquit, vittas et omnium rerum parvarum
mais Belle n'a rien demandé
sed pulchritudo poposcit nihil
parce qu'elle pensait que l'argent ne serait pas suffisant
quia putavit pecuniam non satis esse
il n'y aurait pas assez pour acheter tout ce que ses sœurs voulaient
satis non esset emere omnia sororibus suis voluerunt
"Que veux-tu, ma belle ?" demanda son père
"Quid vis, pulchritudo?" interrogavit pater eius
« Merci, père, pour la bonté de penser à moi », dit-elle
"gratias tibi, pater, pro bonitate cogitare de me"
« Père, ayez la gentillesse de m'apporter une rose »
"Pater mi, sis dignare ut rosam afferat".
"parce qu'aucune rose ne pousse ici dans le jardin"
"quia nullae rosae hic nascuntur in horto"
"et les roses sont une sorte de rareté"

"rosae sunt quaedam raritas".
Belle ne se souciait pas vraiment des roses
pulchritudo non vere curare ut rosis
elle a juste demandé quelque chose pour ne pas condamner ses sœurs
non solum aliquid poposcit, ut sorores eius non condemnent
mais ses sœurs pensaient qu'elle avait demandé des roses pour d'autres raisons
Sorores autem eius videbantur aliis de causis rosas poposcit
"Elle l'a fait juste pour avoir l'air particulière"
"Hoc fecit solum spectare maxime"

L'homme gentil est parti en voyage
Homo quidam iter fecit
mais quand il est arrivé, ils se sont disputés à propos de la marchandise
sed cum venisset, de mercibus disputaverunt
et après beaucoup d'ennuis, il est revenu aussi pauvre qu'avant
et post multam molestiam egens rediit sicut prius
il était à quelques heures de sa propre maison
fuit intra horas domus suae
et il imaginait déjà la joie de revoir ses enfants
et iam laetitiam videndi suorum
mais en traversant la forêt, il s'est perdu
sed cum per silvas amisisset
il a plu et neigé terriblement
pluit ac ninxit terribly
le vent était si fort qu'il l'a fait tomber de son cheval
adeo vehemens ventus proiecit equo
et la nuit arrivait rapidement
et nox cito veniebat
il a commencé à penser qu'il pourrait mourir de faim
cogitare coepit ut esuriret
et il pensait qu'il pourrait mourir de froid
et ad mortem se duraturum arbitrabatur

et il pensait que les loups pourraient le manger
et putabat lupi comedendum eum
les loups qu'il entendait hurler tout autour de lui
luporum audisse circum se ululantes
mais tout à coup il a vu une lumière
sed subito vidit lucem
il a vu la lumière au loin à travers les arbres
lucem procul vidit per arbores
quand il s'est approché, il a vu que la lumière était un palais
ubi propius accedens lucem vidit palatium;
le palais était illuminé de haut en bas
palatium a summo usque deorsum
le marchand a remercié Dieu pour sa chance
mercator Deo gratias pro sua fortuna
et il se précipita vers le palais
et festinavit ad palatium
mais il fut surpris de ne voir personne dans le palais
sed miratus est nullum homines videre in palatio
la cour était complètement vide
atrium vacuum erat
et il n'y avait aucun signe de vie nulle part
et signum vitae nusquam erat
son cheval le suivit dans le palais
eum secutus est equus in regiam
et puis son cheval a trouvé une grande écurie
et invenit equum magnum stabulum
le pauvre animal était presque affamé
pauper animal paene famelicus
alors son cheval est allé chercher du foin et de l'avoine
Et ingressus est equus ad inveniendum fenum et avenam
Heureusement, il a trouvé beaucoup à manger
feliciter invenit multa manducare
et le marchand attacha son cheval à la mangeoire
et mercator equum suum ad presepe alligavit
En marchant vers la maison, il n'a vu personne
w alking in domo vidit neminem

mais dans une grande salle il trouva un bon feu
sed in aula magna invenit ignem bonum
et il a trouvé une table dressée pour une personne
et invenit mensam unam
il était mouillé par la pluie et la neige
erat umidus a pluvia et nivis
alors il s'est approché du feu pour se sécher
Accessit ad ignem siccum
« J'espère que le maître de maison m'excusera »
" Spero patremfamilias excusaturum " ;
« Je suppose qu'il ne faudra pas longtemps pour que quelqu'un apparaisse »
"Puto non diu aliquem apparere"
Il a attendu un temps considérable
Diu expectavit
il a attendu jusqu'à ce que onze heures sonnent, et toujours personne n'est venu
expectavit donec percussit undecim, et nullus venit
enfin, il avait tellement faim qu'il ne pouvait plus attendre
tandem adeo esuriit ut diutius expectare non possit
il a pris du poulet et l'a mangé en deux bouchées
Tulitque pullum et comedit eum in duobus offis
il tremblait en mangeant la nourriture
et tremens dum comederet panem
après cela, il a bu quelques verres de vin
post haec pauca vini potiones bibit
devenant plus courageux, il sortit du hall
invalescens animosior exivit de aula
et il traversa plusieurs grandes salles
et per aliquot magnas atria lustravit
il a traversé le palais jusqu'à ce qu'il arrive dans une chambre
ambulavit per palatium, donec veniret in cubiculum
une chambre qui contenait un très bon lit
thalamum quod habebat in eo stratum magnum valde bonum
il était très fatigué par son épreuve

valde fatigatus ab experimento
et il était déjà minuit passé
tempusque iam noctis
alors il a décidé qu'il était préférable de fermer la porte
statuit optimum ostio occludere
et il a conclu qu'il devrait aller se coucher
et se cubitum ire arbitratus est

Il était dix heures du matin lorsque le marchand s'est réveillé
Decem mane erat cum mercator expergefactus
au moment où il allait se lever, il vit quelque chose
sicut cum iret ad resurrectionem, vidit aliquid;
il a été étonné de voir un ensemble de vêtements propres
miratus est veste mutata videre
à l'endroit où il avait laissé ses vêtements sales
in loco ubi sordidis vestibus
"ce palais appartient certainement à une sorte de fée"
certe palatium hoc ad quamdam mediocris pertinet.
" une fée qui m'a vu et qui a eu pitié de moi"
" mediocris qui vidit et misertus est ".
il a regardé à travers une fenêtre
respexit per fenestram
mais au lieu de neige, il vit le jardin le plus charmant
sed pro nivis hortum amoenissimum vidit
et dans le jardin il y avait les plus belles roses
et in horto erant pulcherrimae rosae
il est ensuite retourné dans la grande salle
Et reversus est ad magnum aulam
la salle où il avait mangé de la soupe la veille
praetorium ubi elit nocte
et il a trouvé du chocolat sur une petite table
et invenit scelerisque aliquam parvam mensam
« Merci, bonne Madame la Fée », dit-il à voix haute.
"Gratias tibi ago, bone Madam Fairy", clara voce dixit
"Merci d'être si attentionné"

"Gratias ago tibi, quia non ita curans"
« Je vous suis extrêmement reconnaissant pour toutes vos faveurs »
" Gratissimum tibi sum pro omnibus tuis beneficiis "
l'homme gentil a bu son chocolat
genus bibit scelerisque
et puis il est allé chercher son cheval
et ibat ad quaerendum equum suum
mais dans le jardin il se souvint de la demande de Belle
sed in horto recordatus est petitionem pulchritudinis
et il coupa une branche de roses
et abscidit ramum rosae
immédiatement il entendit un grand bruit
statim audivit clamorem magnum
et il vit une bête terriblement effrayante
et vidit bestiam horrendam
il était tellement effrayé qu'il était sur le point de s'évanouir
adeo perterritus erat ut deficeret
« Tu es bien ingrat », lui dit la bête.
"Ingratus es," inquit bestia
et la bête parla d'une voix terrible
et bestia voce magna locutus est
« Je t'ai sauvé la vie en te laissant entrer dans mon château »
" Servavi vitam tuam permittens te in castrum meum " .
"et pour ça tu me voles mes roses en retour ?"
"et pro quo meas surripis rosas?"
« Les roses que j'apprécie plus que tout »
"Rosas quas ego pluris aestimo"
"mais tu mourras pour ce que tu as fait"
"sed morieris quod feceris"
« Je ne vous donne qu'un quart d'heure pour vous préparer »
"Ego tibi do, sed quadrantem horae para te";
« Préparez-vous à la mort et dites vos prières »
"paratus te ad mortem et dic preces tuas"
le marchand tomba à genoux
mercator ad genua procumbit

et il leva ses deux mains
et levavit ambas manus suas
« Monseigneur, je vous supplie de me pardonner »
Obsecro te, domine mi, ut indulgeas mihi.
« Je n'avais aucune intention de t'offenser »
"Nihil habui animus tibi offensionis"
« J'ai cueilli une rose pour une de mes filles »
Rosam congregavi uni filiarum mearum.
"elle m'a demandé de lui apporter une rose"
" Rogavit me ut rosam adduceret "
« Je ne suis pas ton seigneur, mais je suis une bête », répondit le monstre
"monstrum" respondit "Non sum dominus tuus, sed bestia
« Je n'aime pas les compliments »
"Non amo verborum"
« J'aime les gens qui parlent comme ils pensent »
" Placet illis qui loquuntur sicut cogitant " ;
« N'imaginez pas que je puisse être ému par la flatterie »
"ne putes me blanditiis posse moveri".
« Mais tu dis que tu as des filles »
"At dices filias te peperisse";
"Je te pardonnerai à une condition"
"Dimitto tibi in una conditione".
« L'une de vos filles doit venir volontairement à mon palais »
"una filiarum tuarum libenter in palatium meum venire debet".
"et elle doit souffrir pour toi"
"et debet pati pro vobis".
« Donne-moi ta parole »
" Fiat mihi verbum tuum."
"et ensuite tu pourras vaquer à tes occupations"
"Et tunc potes ire de negotiis tuis"
« Promets-moi ceci : »
"Hoc mihi promitte;"

"Si votre fille refuse de mourir pour vous, vous devez revenir dans les trois mois"
"Si filia tua pro te mori noluerit, intra tres menses redibis".
le marchand n'avait aucune intention de sacrifier ses filles
mercator non habuit filias suas sacrificare
mais, comme on lui en donnait le temps, il voulait revoir ses filles une fois de plus
sed, cum tempus daretur, filias suas denuo videre voluit
alors il a promis qu'il reviendrait
Itaque se rediturum pollicitus est
et la bête lui dit qu'il pouvait partir quand il le voudrait
et dixit ei bestia, quam vellet, proficisci
et la bête lui dit encore une chose
et bestia indicavit ei unum amplius
« Tu ne partiras pas les mains vides »
"non recedes inanis"
« retourne dans la pièce où tu étais allongé »
"Ire ad cubiculum ubi iaces"
« vous verrez un grand coffre au trésor vide »
" magnum pectus thesaurum inane videbis "
« Remplissez le coffre aux trésors avec ce que vous préférez »
"Replete thesaurum, cum quidquid tibi placet optimum"
"et j'enverrai le coffre au trésor chez toi"
"et cistam thesaurum mittam in domum tuam".
et en même temps la bête s'est retirée
et simul bestia recessit

« Eh bien, » se dit le bon homme
"Bene," dixit sibi vir bonus
« Si je dois mourir, je laisserai au moins quelque chose à mes enfants »
"si moriar, liberis meis aliquid saltem relinquam".
alors il retourna dans la chambre à coucher
itaque ad cubiculum rediit
et il a trouvé une grande quantité de pièces d'or

inventque multos aureos
il a rempli le coffre au trésor que la bête avait mentionné
cistam implevit bestia, de qua dixerat
et il sortit son cheval de l'écurie
et eduxit equum de stabulo
la joie qu'il ressentait en entrant dans le palais était désormais égale à la douleur qu'il ressentait en le quittant
laetitiam, quam in regiam ferebant, moerore relinquendo par erat
le cheval a pris un des chemins de la forêt
Equus unam viae silvarum
et quelques heures plus tard, le bon homme était à la maison
et paucis horis bonus domi
ses enfants sont venus à lui
filii eius
mais au lieu de recevoir leurs étreintes avec plaisir, il les regardait
sed pro libenter amplexus eorum aspexit
il brandit la branche qu'il tenait dans ses mains
ramum quem in manibus habebat
et puis il a fondu en larmes
et lacrimas
« Belle », dit-il, « s'il te plaît, prends ces roses »
"pulchritudo" inquit "his rosis sume quaeso"
"Vous ne pouvez pas savoir à quel point ces roses ont été chères"
"non scis quam pretiosae fuerint hae rosae"
"Ces roses ont coûté la vie à ton père"
"Hae rosae patri tuo vitam constant".
et puis il raconta sa fatale aventure
et tunc dixit casus sui fatalis
immédiatement les deux sœurs aînées crièrent
Confestim duabus sororibus suis exclamavit
et ils ont dit beaucoup de choses méchantes à leur belle sœur
et dixerunt multa media ad pulcherrimam sororem
mais Belle n'a pas pleuré du tout

sed pulchritudo omnino non clamabit
« Regardez l'orgueil de ce petit misérable », dirent-ils.
"Aspice, inquit, illius miselli fastum"
"elle n'a pas demandé de beaux vêtements"
"Non quaesivit vestem splendidam"
"Elle aurait dû faire ce que nous avons fait"
"Debuimus facere quod fecimus"
"elle voulait se distinguer"
"se voluit distinguere"
"alors maintenant elle sera la mort de notre père"
"Nunc ergo patris nostri mors erit".
"et pourtant elle ne verse pas une larme"
"et tamen illa non lachrymam".
"Pourquoi devrais-je pleurer ?" répondit Belle
"Quare clamo?" respondit pulchritudo
« pleurer serait très inutile »
"Clamor valde supervacuus esset"
« Mon père ne souffrira pas pour moi »
"Pater meus non patietur pro me".
"le monstre acceptera une de ses filles"
"Monstrum unam ex filiabus accipiet"
« Je m'offrirai à toute sa fureur »
"Omni furori suo me offeram".
« Je suis très heureux, car ma mort sauvera la vie de mon père »
"Ego sum gauisus, quia mors mea animam patris mei saluabit".
"ma mort sera une preuve de mon amour"
"Mors mea documentum erit amoris mei"
« Non, ma sœur », dirent ses trois frères
"Minime, soror," dixit ei tres fratres
"cela ne sera pas"
"quod non erit"
"nous allons chercher le monstre"
"Ibimus invenire monstrum"
"et soit on le tue..."

"et aut occidemus eum.
« ... ou nous périrons dans cette tentative »
"... vel in conatu peribimus".
« N'imaginez rien de tel, mes fils », dit le marchand.
"Nolite, filii mei," dixit mercator
"La puissance de la bête est si grande que je n'ai aucun espoir que tu puisses la vaincre"
" Tanta est bestiae potestas ut eum nulla spe superare posses "
.
« Je suis charmé par l'offre aimable et généreuse de Belle »
"Delectatus sum specie et liberalitate";
"mais je ne peux pas accepter sa générosité"
"sed liberalitatem accipere non possum".
« Je suis vieux et je n'ai plus beaucoup de temps à vivre »
"Senex sum, et non diu vivere"
"Je ne peux donc perdre que quelques années"
"Sic paucis annis possum solvere"
"un temps que je regrette pour vous, mes chers enfants"
"Tempus quod paenitet vos, filii carissimi"
« Mais père », dit Belle
"Sed pater," inquit, "pulchritudo"
"tu n'iras pas au palais sans moi"
"non ad palatium sine me".
"tu ne peux pas m'empêcher de te suivre"
"Non potes prohibere me ab his te"
rien ne pourrait convaincre Belle autrement
nihil aliud potest arguere pulchritudinem
elle a insisté pour aller au beau palais
institit ad bysso regis
et ses sœurs étaient ravies de son insistance
et sorores eius delectabantur instantiae

Le marchand était inquiet à l'idée de perdre sa fille
Mercator anxius erat cogitationem amittendi filiam
il était tellement inquiet qu'il avait oublié le coffre rempli d'or

in tantum sollicitus erat ut de pectore pleno aureo oblitus esset
la nuit, il se retirait pour se reposer et fermait la porte de sa chambre
noctu ad quietem se contulit, et cubiculi sui ianuam clausit
puis, à sa grande surprise, il trouva le trésor à côté de son lit
deinde, cum magna admiratione, thesaurum invenit in lecto suo
il était déterminé à ne rien dire à ses enfants
voluit dicere liberos
s'ils savaient, ils auraient voulu retourner en ville
si scirent, se in oppidum reverti voluisse
et il était résolu à ne pas quitter la campagne
et placuit ne excederet agris
mais il confia le secret à Belle
sed secreto speravit decorem
elle l'informa que deux messieurs étaient venus
nuntiavit duos viros venisse
et ils ont fait des propositions à ses sœurs
et rogaverunt eam
elle a supplié son père de consentir à leur mariage
orabatque patrem, ut consentiret in matrimonium
et elle lui a demandé de leur donner une partie de sa fortune
et petiit ab eo ut daret eis aliquid de fortuna sua
elle leur avait déjà pardonné
quae iam dimiserat illis
les méchantes créatures se frottaient les yeux avec des oignons
impii linivit oculos cepis
pour forcer quelques larmes quand ils se sont séparés de leur sœur
aliquas lacrimas opprimere cum sorore sua
mais ses frères étaient vraiment inquiets
sed fratres eius vere interfuerant
Belle était la seule à ne pas verser de larmes
forma solus non lacrimas
elle ne voulait pas augmenter leur malaise

noluit augere molestiam
le cheval a pris la route directe vers le palais
Equo autem recto itinere ad palatium
et vers le soir ils virent le palais illuminé
et ad vesperam viderunt palatium illuminatum
le cheval est rentré à l'écurie
equus in stabulum iterum se contulit
et le bon homme et sa fille entrèrent dans la grande salle
Ingressus est autem vir bonus et filia eius in aulam magnam
ici ils ont trouvé une table magnifiquement dressée
hic invenerunt mensam splendide ministrantem
le marchand n'avait pas d'appétit pour manger
mercator non appetitus edendi
mais Belle s'efforçait de paraître joyeuse
forma autem hilaris videri conatus est
elle s'est assise à table et a aidé son père
sedit ad mensam et adiuvit patrem suum
mais elle pensait aussi :
sed et ipsa sibi;
"La bête veut sûrement m'engraisser avant de me manger"
"Profecto bestia me saginare vult priusquam me comedat".
"c'est pourquoi il offre autant de divertissement"
"propterea quod tam copiosam oblectationem praebet".
après avoir mangé, ils entendirent un grand bruit
postquam comederunt clamorem magnum audiverunt
et le marchand fit ses adieux à son malheureux enfant, les larmes aux yeux
et miserum puerum suum cum lacrimis in oculis suis valere iubeat
parce qu'il savait que la bête allait venir
quia sciebat venire bestiam
Belle était terrifiée par sa forme horrible
forma horrenda formidinis
mais elle a pris courage du mieux qu'elle a pu
sed accepit animum quantum poterat

et le monstre lui a demandé si elle était venue volontairement
et interrogavit eam monstrum si volens veniret
"Oui, je suis venue volontiers", dit-elle en tremblant
"Libenter veni", inquit tremens
la bête répondit : « Tu es très bon »
Respondit bestia : Valde bona es.
"et je vous suis très reconnaissant, honnête homme"
"Et ego vehementer gratum tibi, honestus"
« Allez-y demain matin »
"Ite vias vestras cras mane"
"mais ne pense plus jamais à revenir ici"
"Sed numquam cogito huc iterum venire"
« Adieu Belle, adieu bête », répondit-il
"Vale forma, vale bestia"
et immédiatement le monstre s'est retiré
et statim monstrum recessit
« Oh, ma fille », dit le marchand
"O filia," inquit mercator
et il embrassa sa fille une fois de plus
et iterum filiam suam amplexatus est
« Je suis presque mort de peur »
"Paene exterritus sum usque ad mortem"
"crois-moi, tu ferais mieux de rentrer"
"Crede mihi, melius fuerat redire"
"Laisse-moi rester ici, à ta place"
"me hic manere, pro te"
« Non, père », dit Belle d'un ton résolu.
"Minime, pater", "forma" inquit, "obfirmato sono"
"tu partiras demain matin"
"cras mane proficisceris"
« Laissez-moi aux soins et à la protection de la Providence »
" meque ad providentiae curam ac tutelam relinquas " ;
néanmoins ils sont allés se coucher
nihilominus cubitum ierunt
ils pensaient qu'ils ne fermeraient pas les yeux de la nuit

Nolebant oculos claudere noctem
mais juste au moment où ils se couchaient, ils s'endormirent
sed sicut illi dormierunt

La belle rêva qu'une belle dame venait et lui disait :
venitque mulier pulchra pulchritudine, et dixit ei:
« Je suis content, Belle, de ta bonne volonté »
" contentus sum, forma, voluntate tua " ;
« Cette bonne action de votre part ne restera pas sans récompense »
"Hoc bonum opus tuum non irremuneratum".
Belle s'est réveillée et a raconté son rêve à son père
pulchritudinem excitavit et indicavit ei patri suo somnio
le rêve l'a aidé à se réconforter un peu
Somnium adiuvit ut consolaretur eum paululum
mais il ne pouvait s'empêcher de pleurer amèrement en partant
sed non potuit quin amare discederet
Dès qu'il fut parti, Belle s'assit dans la grande salle et pleura aussi
simul atque ille discessit, formositas consedit in aula magna et clamat nimis
mais elle résolut de ne pas s'inquiéter
sed placuit non esse sollicitam
elle a décidé d'être forte pour le peu de temps qui lui restait à vivre
decrevit valere ad modicum tempus vivere reliquerat
parce qu'elle croyait fermement que la bête la mangerait
quia firmiter credidit bestiam manducare illam
Cependant, elle pensait qu'elle pourrait aussi bien explorer le palais
sed etiam regiam explorare poterat
et elle voulait voir le beau château
et voluit videre castrum nobile
un château qu'elle ne pouvait s'empêcher d'admirer
castrum quod non admirans

c'était un palais délicieusement agréable
amoenissimum erat palatium
et elle fut extrêmement surprise de voir une porte
et valde admiratus est cum vidisset ostium
et sur la porte il était écrit que c'était sa chambre
et super januam scriptam esse illam cameram suam
elle a ouvert la porte à la hâte
aperiens ostium cito
et elle était tout à fait éblouie par la magnificence de la pièce
eratque ea loci magnificentia praestringebatur
ce qui a principalement retenu son attention était une grande bibliothèque
quae praecipue operam suam in bibliothecam grandem habebat
un clavecin et plusieurs livres de musique
chorda et aliquot musicae libri
« Eh bien, » se dit-elle
"Bene" dixit secum
« Je vois que la bête ne laissera pas mon temps peser sur moi »
"Video ne feram meam tempus gravem pendeat";
puis elle réfléchit à sa situation
tum reflectitur ad se de suo situ
« Si je devais rester un jour, tout cela ne serait pas là »
"Si maneret dies, haec omnia hic non essent"
cette considération lui inspira un courage nouveau
Haec ratio nova animo
et elle a pris un livre de sa nouvelle bibliothèque
et sumpsit librum ex nova bibliotheca
et elle lut ces mots en lettres d'or :
et haec in aureis litteris legit;
« Accueillez Belle, bannissez la peur »
"grata forma, pelle timorem";
« Vous êtes reine et maîtresse ici »
"Tu es regina et domina hic"
« Exprimez vos souhaits, exprimez votre volonté »

" Loquere vota tua, loquere voluntatem tuam ".
« **L'obéissance rapide répond ici à vos souhaits** »
"Citis obsequium votis tuis hic obvium".
« **Hélas, dit-elle avec un soupir** »
"Heu," inquit, cum gemitu
« **Ce que je souhaite par-dessus tout, c'est revoir mon pauvre père.** »
"Maxime pauperem patrem meum videre cupio".
"**et j'aimerais savoir ce qu'il fait**"
"Et volo scire quid sit facere"
Dès qu'elle eut dit cela, elle remarqua le miroir
Haec ubi dixisset, speculum animadvertit
à sa grande surprise, elle vit sa propre maison dans le miroir
ingenti admiratione sui vidit domum suam in speculo
son père est arrivé émotionnellement épuisé
pater eius venit in passione existens fessus
ses sœurs sont allées à sa rencontre
sororibus eius in occursum eius
malgré leurs tentatives de paraître tristes, leur joie était visible
non obstante conatu moesti apparere, gaudium eorum apparebat
un instant plus tard, tout a disparu
momento post omnia evanuerunt
et les appréhensions de Belle ont également disparu
et pulchritudinis apprehensio disparuit nimis
car elle savait qu'elle pouvait faire confiance à la bête
sciebat enim se posse confidere bestiae

À midi, elle trouva le dîner prêt
In meridie cenam paratam invenit
elle s'est assise à la table
et sedit ad mensam
et elle a été divertie avec un concert de musique
et excepta concentu musicorum
même si elle ne pouvait voir personne

quamvis non viderent aliorum
le soir, elle s'est à nouveau assise pour dîner
nocte iterum consedit ad cenam
cette fois elle entendit le bruit que faisait la bête
hoc tempore audivit vocem bestiae factae
et elle ne pouvait s'empêcher d'être terrifiée
et non poterat perterritus
"Belle", dit le monstre
"pulchritudo" dixit monstrum
"est-ce que tu me permets de manger avec toi ?"
"Nonne sinitis me vobiscum manducare?"
« Fais comme tu veux », répondit Belle en tremblant
"facies ut lubet", formidolosa respondit pulchritudo
"Non", répondit la bête
"Non," respondit bestia
"tu es seule la maîtresse ici"
"Tu solus domina es hic"
"tu peux me renvoyer si je suis gênant"
"Potes me mittere, si molestum sum"
« renvoyez-moi et je me retirerai immédiatement »
"Mitte me et statim recedere"
« Mais dis-moi, ne me trouves-tu pas très laide ? »
"Sed dic mihi, nonne me turpissimum putas?"
"C'est vrai", dit Belle
"Verum est," inquit, pulchritudinem
« Je ne peux pas mentir »
"Non possum dicere mendacium"
"mais je crois que tu es de très bonne nature"
"Sed credo te valde benignum"
« Je le suis en effet », dit le monstre
"Immo ego sum" dixit monstrum
« Mais à part ma laideur, je n'ai pas non plus de bon sens »
"Sed sine deformitate, ego quoque nihil sum".
« Je sais très bien que je suis une créature stupide »
"Scio me ipsum stultam esse creaturam".

« Ce n'est pas un signe de folie de penser ainsi », répondit Belle.
"Non est signum stultitiae ita cogitare," respondit pulchritudo
« Mange donc, belle », dit le monstre
"ede igitur, forma," dixit monstrum
« essaie de t'amuser dans ton palais »
"Conare ludere in palatio tuo"
"tout ici est à toi"
"Omnia hic tua sunt"
"et je serais très mal à l'aise si tu n'étais pas heureux"
"Et ego valde anxius essem si non esses beatus"
« Vous êtes très obligeant », répondit Belle
"Pergratum es" respondit pulchritudinem
« J'avoue que je suis heureux de votre gentillesse »
" Fateor, benignitate tua delector"
« et quand je considère votre gentillesse, je remarque à peine vos difformités »
"et cum tuam humanitatem considero, turpitudines tuas vix considero".
« Oui, oui, dit la bête, mon cœur est bon.
"Est," inquit bestia, "bonum est cor meum."
"mais même si je suis bon, je suis toujours un monstre"
"sed quamvis bonus sum, monstrum tamen sum".
« Il y a beaucoup d'hommes qui méritent ce nom plus que toi »
"Multi sunt viri qui hoc nomine meruerunt plus quam tu";
"et je te préfère tel que tu es"
"et malo tibi sicut tu es"
"et je te préfère à ceux qui cachent un cœur ingrat"
"et malo tibi plus quam eos qui ingratum cor abscondunt".
"Si seulement j'avais un peu de bon sens", répondit la bête
"si modo aliquem sensum haberem," respondit bestia
"Si j'avais du bon sens, je vous ferais un beau compliment pour vous remercier"
"Si sensissem, bene gratias agerem"
"mais je suis si ennuyeux"

"At ego tam hebes"
« Je peux seulement dire que je vous suis très reconnaissant »
"Nisi possum dicere, tibi sum valde gratum"
Belle a mangé un copieux souper
pulchritudinem comedit cenam
et elle avait presque vaincu sa peur du monstre
et prope terrorem monstri vicerat
mais elle a voulu s'évanouir lorsque la bête lui a posé la question suivante
sed deficere volebat, cum bestiam sibi proximam quaereret
"Belle, veux-tu être ma femme ?"
"pulchritudo eris uxor?"
elle a mis du temps avant de pouvoir répondre
tulit aliquanto ante posset respondere
parce qu'elle avait peur de le mettre en colère
quia timebat ne irascatur
Mais finalement elle dit "non, bête"
tandem tamen "nequaquam," inquit, "bestia".
immédiatement le pauvre monstre siffla très effroyablement
monstrum pauperis statim exsibilatur vehementer
et tout le palais résonna
et totum palatium resonabat
mais Belle se remit bientôt de sa frayeur
sed pulchritudo mox a pavore convaluit
parce que la bête parla encore d'une voix lugubre
quia bestia iterum flebili voce locutus est
"Alors adieu, Belle"
"Vale igitur, pulchritudo".
et il ne se retournait que de temps en temps
et solus reversus interdum
de la regarder alors qu'il sortait
ut exiens intueri illam

maintenant Belle était à nouveau seule
Nunc autem sola pulchritudo

elle ressentait beaucoup de compassion
plurimum misericordia sensit
"Hélas, c'est mille fois dommage"
"Ei, mille piae sunt!"
"tout ce qui est si bon ne devrait pas être si laid"
"Nihil tam ingeniosum neque tam turpe".
Belle a passé trois mois très heureuse dans le palais
pulchritudinis tres menses in palatio valde contente
consumpsit
chaque soir la bête lui rendait visite
omne vespere bestia pretium eius a visit
et ils ont parlé pendant le dîner
et loquebatur in cena
ils ont parlé avec bon sens
ipsi loquebatur cum sensu communi
mais ils ne parlaient pas avec ce que les gens appellent de l'esprit
sed non loqui quod vocant testimonium
Belle a toujours découvert un caractère précieux dans la bête
forma semper aliquid pretiosum in bestia
et elle s'était habituée à sa difformité
et adsueverat deformitatem suam
elle ne redoutait plus le moment de sa visite
et non pertimesco tempus visitationis suae amplius
maintenant elle regardait souvent sa montre
saepe iam vigilavit ad eam
et elle ne pouvait pas attendre qu'il soit neuf heures
et non poterat expectare horam nonam
car la bête ne manquait jamais de venir à cette heure-là
quia numquam bestiam illam horam exciderunt
il n'y avait qu'une seule chose qui concernait Belle
una res ad pulchritudinem
chaque soir avant d'aller au lit, la bête lui posait la même question
tota nocte antequam cubitum irent, bestia eandem quaestionem interrogabat

le monstre lui a demandé si elle voulait être sa femme
monstrum interrogavit eam si esset uxor eius
un jour elle lui dit : "bête, tu me mets très mal à l'aise"
dixitque ad eum quadam die, " Bestia, turbata est mihi valde "
;
« J'aimerais pouvoir consentir à t'épouser »
"Vellem possem consentire in uxorem ducere"
"mais je suis trop sincère pour te faire croire que je t'épouserais"
"sed nimis sincerus sum ut credas me nubere te"
"Notre mariage n'aura jamais lieu"
"Matrimonium nostrum numquam fiet"
« Je te verrai toujours comme un ami »
"Ego te ut amicus semper videbo"
"S'il vous plaît, essayez d'être satisfait de cela"
"Quaeso experiri satiari"
« Je dois me contenter de cela », dit la bête
"Satiari oportet hoc," inquit bestia
« Je connais mon propre malheur »
"Scio me infortunium";
"mais je t'aime avec la plus tendre affection"
"sed te amo summa affectione "
« Cependant, je devrais me considérer comme heureux »
"Sed me beatum debere existimare".
"et je serais heureux que tu restes ici"
"et me beatum esse ut hic maneas".
"promets-moi de ne jamais me quitter"
"Promittere me numquam me relinquere"
Belle rougit à ces mots
pulchritudo erubuit his verbis

Un jour, Belle se regardait dans son miroir
unus dies pulchritudo est vultus in speculo
son père s'était inquiété à mort pour elle
pater suus anxius erat sibi male pro ea
elle avait plus que jamais envie de le revoir

adhuc plus quam semper videre cupiebat
« Je pourrais te promettre de ne jamais te quitter complètement »
"Possum polliceri numquam te totum relinquere"
"mais j'ai tellement envie de voir mon père"
"sed desiderii est videre patrem meum".
« Je serais terriblement contrarié si tu disais non »
"Impossibiliter commotus essem si negas"
« Je préfère mourir moi-même », dit le monstre
'monstrum' inquit 'malo me mori'
« Je préférerais mourir plutôt que de te mettre mal à l'aise »
"Malo mori quam te turbat".
« Je t'enverrai vers ton père »
"Mittam te ad patrem tuum".
"tu resteras avec lui"
"cum eo manebitis".
"et cette malheureuse bête mourra de chagrin à la place"
"et misera haec bestia pro moerore morietur".
« Non », dit Belle en pleurant
"Minime", inquit decor, flens
"Je t'aime trop pour être la cause de ta mort"
" Nimium te amo ut mortis tuae causa sit ".
"Je te promets de revenir dans une semaine"
"Promissum tibi do ut per hebdomadam redeam"
« Tu m'as montré que mes sœurs sont mariées »
"Monstrasti mihi sorores meae nuptae".
« et mes frères sont partis à l'armée »
"et fratres mei iverunt ad exercitum".
« laisse-moi rester une semaine avec mon père, car il est seul »
"Sine septimana cum patre meo, sicut solus est".
« Tu seras là demain matin », dit la bête
"Eris ibi cras mane," dixit bestia
"mais souviens-toi de ta promesse"
"sed memor promissionis tuae"

« Il vous suffit de poser votre bague sur une table avant d'aller vous coucher »
"Tu tantum debes anulum tuum in mensa ponere antequam cubitum ambules"
"et alors tu seras ramené avant le matin"
"et tunc mane redieris".
« Adieu chère Belle », soupira la bête
" Vale cara pulchritudo " ingemuit bestia
Belle s'est couchée très triste cette nuit-là
forma cubitum ibat tristissima nocte
parce qu'elle ne voulait pas voir la bête si inquiète
quia noluit videre bestia tam sollicitus

le lendemain matin, elle se retrouva chez son père
Postridie mane invenit se in domo patris sui
elle a sonné une petite cloche à côté de son lit
et pulsavit campanulam a lecto
et la servante poussa un grand cri
et ancilla magna voce
et son père a couru à l'étage
et pater susum cucurrit
il pensait qu'il allait mourir de joie
putabat se cum gaudio moriturum
il l'a tenue dans ses bras pendant un quart d'heure
tenebat in armis ad quartam horam
Finalement, les premières salutations étaient terminées
Tandem prima salutatio praefecti
Belle a commencé à penser à sortir du lit
forma coepit cogitare de lecto
mais elle s'est rendu compte qu'elle n'avait apporté aucun vêtement
sed cognovit se non induisse
mais la servante lui a dit qu'elle avait trouvé une boîte
sed ancilla ei se invenisse pyxidem dixit
le grand coffre était plein de robes et de robes
truncus magnus erat plenus togis et coquit

chaque robe était couverte d'or et de diamants
unaquaque toga erat auro et adamantibus
La Belle a remercié la Bête pour ses bons soins
forma gratias bestias pro huiusmodi cura
et elle a pris l'une des robes les plus simples
et tulit unam de planissimis vestimentis
elle avait l'intention de donner les autres robes à ses sœurs
dare se intendebat ad alias vestes sororibus
mais à cette pensée le coffre de vêtements disparut
sed in eo pectore vestes evanuerunt
la bête avait insisté sur le fait que les vêtements étaient pour elle seulement
bestia institerat vestimenta sua solum
son père lui a dit que c'était le cas
pater ei quod ita esset
et aussitôt le coffre de vêtements est revenu
et statim truncus vestimentorum reversus est
Belle s'est habillée avec ses nouveaux vêtements
pulchritudo induit se novis vestibus
et pendant ce temps les servantes allèrent chercher ses sœurs
et interea ancillis ierunt ut sorores suas invenirent
ses deux sœurs étaient avec leurs maris
et soror eius cum viris
mais ses deux sœurs étaient très malheureuses
sed et sorores eius erant valde infelices
sa sœur aînée avait épousé un très beau gentleman
soror eius primogenita duxerat pulcherrimum virum
mais il était tellement amoureux de lui-même qu'il négligeait sa femme
sed adeo cupidus fuit ut uxorem neglexisset
sa deuxième sœur avait épousé un homme spirituel
ea secunda soror duxerat homo lepidus
mais il a utilisé son esprit pour tourmenter les gens
sed utebatur testi- monio suo ad torquendum populum
et il tourmentait surtout sa femme
et uxorem suam maxime cruciabat

Les sœurs de Belle l'ont vue habillée comme une princesse
pulchritudinis sororibus vidit eam ornatu princeps
et ils furent écœurés d'envie
et ægrotabantur zelo
maintenant elle était plus belle que jamais
nunc fuit pulchrior umquam
son comportement affectueux n'a pas pu étouffer leur jalousie
eam affectuosas mores ne extinguant invidiam
elle leur a dit combien elle était heureuse avec la bête
dixit eis quomodo beatus esset cum bestia
et leur jalousie était prête à éclater
et zelus eorum paratus erat ad erumpendum

Ils descendirent dans le jardin pour pleurer leur malheur
et descenderunt in hortum, ut clamarent de calamitate sua
« En quoi cette petite créature est-elle meilleure que nous ? »
"Quomodo est haec creatura melior nobis?"
« Pourquoi devrait-elle être tellement plus heureuse ? »
"Quare debet esse tanto beatior?"
« Sœur », dit la sœur aînée
"Soror" dixit maior soror
"une pensée vient de me traverser l'esprit"
"Cogitaverunt iustus percussit animam meam"
« Essayons de la garder ici plus d'une semaine »
"conemur eam hic plus quam hebdomade retinere"
"Peut-être que cela fera enrager ce monstre idiot"
"Facebit fortasse hoc monstrum stultum".
« parce qu'elle aurait manqué à sa parole »
"quia verbum rupisset"
"et alors il pourrait la dévorer"
"et tunc devoraret eam";
"C'est une excellente idée", répondit l'autre sœur
"id est magna idea," respondit altera soror
« Nous devons lui montrer autant de gentillesse que possible »

"Debemus illam quam maxime misericordiam"
les sœurs en ont fait leur résolution
Hanc fecerunt sorores
et ils se sont comportés très affectueusement envers leur sœur
et sorori suae amantissime agebant
pauvre Belle pleurait de joie à cause de toute leur gentillesse
forma pauperis flebat gaudium ab omni bonitate sua
quand la semaine fut expirée, ils pleurèrent et s'arrachèrent les cheveux
Cum autem completa esset dies, clamaverunt et sciderunt comam suam
ils semblaient si désolés de se séparer d'elle
videbantur ita paenitet ad partem eius
et Belle a promis de rester une semaine de plus
et pulchritudinis promissam manere hebdomadam

Pendant ce temps, Belle ne pouvait s'empêcher de réfléchir sur elle-même
Interea, pulchritudo in se ipsam reflectere non potuit
elle s'inquiétait de ce qu'elle faisait à la pauvre bête
anxius quid ageret ad bestiam pauperem
elle sait qu'elle l'aimait sincèrement
se scire se sincere dilexit eum
et elle avait vraiment envie de le revoir
et vere desiderabat videre illum
la dixième nuit qu'elle a passée chez son père aussi
decima nocte pergit ad patris nimis
elle a rêvé qu'elle était dans le jardin du palais
vidit eam in horto palatio
et elle rêva qu'elle voyait la bête étendue sur l'herbe
et vidit in gramine bestiam
il semblait lui faire des reproches d'une voix mourante
obicere eam vocem morientis videbatur
et il l'accusa d'ingratitude
et de ingratitudine accusavit eam

Belle s'est réveillée de son sommeil
pulchritudinem experrectus a somno
et elle a fondu en larmes
et in lacrimas
« Ne suis-je pas très méchant ? »
"Nonne nimis impius sum?"
« N'était-ce pas cruel de ma part d'agir si méchamment envers la bête ? »
"Nonne me crudelis tam inclementer facere ad bestiam?"
"la bête a tout fait pour me faire plaisir"
"Bestia omnia mihi placebat"
« Est-ce sa faute s'il est si laid ? »
"Numquid tam turpe est ut eius culpa sit?"
« Est-ce sa faute s'il a si peu d'esprit ? »
"Numquid tam parum ingenii culpa est?"
« Il est gentil et bon, et cela suffit »
" benignus est et bonus, et satis est " ;
« Pourquoi ai-je refusé de l'épouser ? »
"Cur non negavi uxorem ducere?"
« Je devrais être heureux avec le monstre »
"me beatum esse cum monstro"
« regarde les maris de mes sœurs »
"Aspice viros sororum mearum"
« Ni l'esprit, ni la beauté ne les rendent bons »
"Neque testis eos bonos neque pulcher facit".
« aucun de leurs maris ne les rend heureuses »
"Neque maritos suos beatos facit".
« mais la vertu, la douceur de caractère et la patience »
sed virtus, suavitas ingenii et patientiae.
"ces choses rendent une femme heureuse"
"Haec faciunt femina felix"
"et la bête a toutes ces qualités précieuses"
"et belua has omnes pretiosas qualitates habet".
"c'est vrai, je ne ressens pas de tendresse et d'affection pour lui"
"Verum est; viscera erga illum non sentio"

"mais je trouve que j'éprouve la plus grande gratitude envers lui"
"sed habeo maximam gratiam pro eo".
"et j'ai la plus haute estime pour lui"
"et habeo maximam gratiam in eo"
"et il est mon meilleur ami"
"Et ipse est amicus meus optimus"
« Je ne le rendrai pas malheureux »
"Miserum illum non faciam"
« Si j'étais si ingrat, je ne me le pardonnerais jamais »
"Si tam ingratus essem, numquam mihi ignoscerem".
Belle a posé sa bague sur la table
pulchritudo posuit eam anulum in mensa
et elle est retournée au lit
et iterum ad lectum
à peine était-elle au lit qu'elle s'endormit
vix erat in lecto priusquam obdormivit

elle s'est réveillée à nouveau le lendemain matin
et iterum mane experrectus
et elle était ravie de se retrouver dans le palais de la bête
et laetabatur se in palatio bestiae invenire
elle a mis une de ses plus belles robes pour lui faire plaisir
induit unum ex veste nicest ut placeat ei
et elle attendait patiemment le soir
et patientiam expectabat ad vesperam
enfin l' heure tant souhaitée est arrivée
venit hora exoptata
L'horloge a sonné neuf heures, mais aucune bête n'est apparue
hora percussit horologium, nulla tamen bestia apparuit
La belle craignit alors d'avoir été la cause de sa mort
formi- tum timuit leti causa fuisse
elle a couru en pleurant dans tout le palais
et cucurrit clamor in circuitu regis
après l'avoir cherché partout, elle se souvint de son rêve

cum ubique quaereret , recordata est somnii sui
et elle a couru vers le canal dans le jardin
et cucurrit ad canalem in horto
là elle a trouvé la pauvre bête étendue
Ibi invenit bestia pauperem extenta
et elle était sûre de l'avoir tué
et certe occiderat
elle se jeta sur lui sans aucune crainte
se ei sine ullo terrore projecit
son cœur battait encore
cor ejus adhuc verberans
elle est allée chercher de l'eau au canal
et aquam de canali
et elle versa l'eau sur sa tête
et effudit aquam super caput eius
la bête ouvrit les yeux et parla à Belle
Aperiens bestia oculos et locutus est ad pulchritudinem
« Tu as oublié ta promesse »
"Promissionis tuae oblitus es"
« J'étais tellement navrée de t'avoir perdu »
"Tanta sum animo amisisse te"
« J'ai décidé de me laisser mourir de faim »
"Destinavi me fame";
"mais j'ai le bonheur de te revoir une fois de plus"
"Sed habeo felicitatem videndi te semel"
"j'ai donc le plaisir de mourir satisfait"
" sic mihi placet mori satur " ;
« Non, chère bête », dit Belle, « tu ne dois pas mourir »
"Minime, cara bestia," dixit forma, "non morieris";
« Vis pour être mon mari »
"Vivat ut sit vir meus"
"à partir de maintenant je te donne ma main"
"Ex hoc tempore manum meam do tibi"
"et je jure de n'être que le tien"
et iuro non esse nisi tuum.
« Hélas ! Je pensais n'avoir que de l'amitié pour toi »

"Heu! Ego tantum amicitiam tibi cogitavi"
« mais la douleur que je ressens maintenant m'en convainc » ;
sed dolor, quem nunc sentio, arguit;
"Je ne peux pas vivre sans toi"
"Non possum vivere nec sine te"
Belle avait à peine prononcé ces mots lorsqu'elle vit une lumière
vix haec dixerat pulchritudo, cum vidit lucem
le palais scintillait de lumière
palatium micans lux
des feux d'artifice ont illuminé le ciel
pompa caelum inluminavit
et l'air rempli de musique
et aerem repleti musicis
tout annonçait un grand événement
omnia denuntiavit magno eventu
mais rien ne pouvait retenir son attention
sed nihil potuit eam attendere
elle s'est tournée vers sa chère bête
et convertit ad eam cari bestia
la bête pour laquelle elle tremblait de peur
bestia cui tremuit
mais sa surprise fut grande face à ce qu'elle vit !
sed admiratio magna ex eo quod vidit.
la bête avait disparu
bestia abiit
Au lieu de cela, elle a vu le plus beau prince
loco vidit pulcherrimum princeps
elle avait mis fin au sort
quae finem habuit alica
un sort sous lequel il ressemblait à une bête
incantamentum quo ad similitudinem bestiae
ce prince était digne de toute son attention
hic princeps omni attentione dignus erat
mais elle ne pouvait s'empêcher de demander où était la bête

sed non poterat non quaerere ubi esset bestia
« Vous le voyez à vos pieds », dit le prince
"Vides eum ante pedes tuos", dixit princeps
« Une méchante fée m'avait condamné »
"Improbus mediocris damnavit me"
« Je devais rester dans cette forme jusqu'à ce qu'une belle princesse accepte de m'épouser »
"Ego in illa figura manerem donec pulcherrima regina me nubere consensit"
"la fée a caché ma compréhension"
"Infandi absconderunt intellectum meum"
« tu étais le seul assez généreux pour être charmé par la bonté de mon caractère »
"Unicus eras satis liberalis, ut amoenitatem ingenii mei bonitate"
Belle était agréablement surprise
pulchritudo feliciter oppressit
et elle donna sa main au charmant prince
et dedit manum lepidi principi suo
ils sont allés ensemble au château
venerunt in castra
et Belle fut ravie de retrouver son père au château
et delectatus est decor invenire patrem in arce
et toute sa famille était là aussi
et tota familia eius ibi erant
même la belle dame qui lui était apparue dans son rêve était là
etiam pulchra domina, quae in somnio apparuit ibi
"Belle", dit la dame du rêve
"pulchritudo" dixit domina ex somnio
« viens et reçois ta récompense »
"Veni et accipe mercedem tuam".
« Vous avez préféré la vertu à l'esprit ou à l'apparence »
" Virtutem ingenio vel vultu praetulisti "
"et tu mérites quelqu'un chez qui ces qualités sont réunies"
"et merearis aliquem, in quo talia uniuntur".

"tu vas être une grande reine"
"Tu es futurus regina magna"
« J'espère que le trône ne diminuera pas votre vertu »
" Spero thronum virtutis tuae non minuet "
puis la fée se tourna vers les deux sœurs
deinde mediocris ad duas sorores
« J'ai vu à l'intérieur de vos cœurs »
"Vidi intra corda vestra"
"et je connais toute la méchanceté que contiennent vos cœurs"
"et scio omnem malitiam continent corda vestra"
« Vous deux deviendrez des statues »
"tu duo signa fient"
"mais vous garderez votre esprit"
"sed animum vestrum servabitis"
« **Tu te tiendras aux portes du palais de ta sœur** »
stabis ad portas palatii sororis tuae.
"Le bonheur de ta sœur sera ta punition"
" Felicitas sororis tuae poena tua erit "
« vous ne pourrez pas revenir à vos anciens états »
"Non poteris redire ad statum pristinum"
« à moins que vous n'admettiez tous les deux vos fautes »
"Nisi vitia vestra faterimini".
"mais je prévois que vous resterez toujours des statues"
"sed praevideo vos statuas semper manere".
« L'orgueil, la colère, la gourmandise et l'oisiveté sont parfois vaincus »
"Superbia, ira, gula, atque otium vincuntur".
" mais la conversion des esprits envieux et malveillants sont des miracles "
" invidorum autem et malignorum mentium miracula sunt conversio "
immédiatement la fée donna un coup de baguette
statim mediocris dedit ictum cum virga
et en un instant tous ceux qui étaient dans la salle furent transportés

et subito deportati sunt omnes, qui erant in atrio
ils étaient entrés dans les domaines du prince
ierant in principatus principis
les sujets du prince l'ont reçu avec joie
principis subditi eum gaudio receperunt
le prêtre a épousé Belle et la bête
sacerdos accepit pulchritudinem et bestia
et il a vécu avec elle de nombreuses années
et vixit cum ea multis annis
et leur bonheur était complet
et felicitas perfecta
parce que leur bonheur était fondé sur la vertu
quia felicitas eorum in virtute fundata est

La fin
Finis

www.tranzlaty.com

www.ingramcontent.com/pod-product-compliance
Lightning Source LLC
Chambersburg PA
CBHW011556070526
44585CB00023B/2632